Må Fred og Lykke sejre i Verden

Hovedtalen holdt af
Sri Mata Amritanandamayi
under det afsluttende plenarmøde ved
Parlamentet for Verdensreligioner
i Barcelona, Spanien,
den 13, juli 2004

Mata Amritanandamayi Center, San Ramon
Californien, Forenede Stater

Må Fred og Lykke sejre i Verden

Udgivet af:
Mata Amritanandamayi Center
P.O. Box 613, San Ramon, CA 94583
Forenede Stater

—— *May Peace and Happiness Prevail (Danish)* ——

Copyright © 2005 ved Mata Amritanandamayi Mission Trust, Amritapuri, Kerala 690546, India
Alle rettigheder forbeholdes. Ingen del af denne udgivelse må opbevares i nogen form for databasesystem. Der må heller ikke transmitteres, kopieres, gengives, afskrives eller oversættes til noget sprog, i nogen form, uden forudgående tilladelse fra udgiveren.

Første udgave af Mata Amritanandamayi Center: april 2016

Danmark:
www.amma-danmark.dk
info@amma-danmark.dk

India:
inform@amritapuri.org
www.amritapuri.org

Indhold

Forord 5

Indledning 9

Må Fred og Lykke sejre i Verden 19

Forord

Alle forenede kan vi, i en mægtig fællesbøn, ændre forløbet af de nuværende begivenheder. Hvert eneste menneske, som har den skabende evne, er vores håb.

Amma råder os: „I vort hastværk glemmer vi den største af alle sandheder - at kilden til alle problemer skal findes i det menneskelige sind." Med den store amerikanske forfatter Archibald McLeish' ord, som åbner den smukke formålsparagraf for UNESCOs strålende forfatning: „Siden krigen blev skabt af det menneskelige sind, er det også i menneskers sind, at vi skal bygge fredens borg."

Den virkelige uddannelse befrier os og tillader os at handle i overensstemmelse med vore egne beslutninger, uden at følge nogens diktat. De allestedsnærværende massemedier, så uendeligt nyttige, kan på grund af deres spredning og enorme tiltrækningskraft også forvandle os til passive tilskuere, gøre os alle ens og føjelige for, hvad de har at tilbyde, og få os til at tilpasse os deres selvpromoverende synspunkter. Det er væsentligt at have tid til at tænke, at føle, at lytte, at lære andre at kende, og endelig - og det er meget vanskeligt - at lære vort eget Selv at kende.

Som Amma sagde i Verdensreligionernes Parlament: „Foruden en forståelse af den ydre verden er det væsentligt, at vi også lærer den indre verden at kende." Hun tilføjede: „Kærlighed og medfølelse er alle religioners egentlige essens. .... Kærligheden har ingen begrænsning såsom religion, race, nationalitet eller kaste."

For at udslette fattigdom, for at lette eller på anden måde at fjerne lidelsen er der brug for at give, at vi giver os selv. At give alt hvad vi kan, men frem for alt, at give vor tid, vor viden, vor solidaritet.

Den materielle fattigdom hos mange mennesker er resultatet af den spirituelle armod hos dem, som kunne have lettet tingene for dem. Det bør kraftigt understreges, at dette er en følge af en magt-kultur, af en tvangs-kultur, en kultur af dominans. Og en følge af

Forord

at folkene og deres institutioner har tiet frem for frit at udtrykke deres protester og forslag.

Tiden er kommet til at vi får en dialogens kultur, en kultur for fælles enighed, for forståelse. Tiden er kommet for en fredens kultur, de hjælpende hænders kultur, en kultur af de forenede stemmer. Endelig står vi nu overfor folkenes århundrede! Endelig, alle forskellige, men alle forenede! Således vil vi betræde den ny æra i menneskehedens historie.

Amma beder om at vi arbejder til gavn for andre, for de mest trængende. Det er mit ønske at hendes bøn bliver opfyldt:

„Måtte vort livs træ have dybe rødder i kærlighedens jord."

Frederico Mayor Zaragoza
Forhenv. Generalsekretær ved Unesco
Formand for „Fundación Cultura de Paz"
(Stiftelsen for Fredskultur,)
Madrid, Spanien

August 2004

Indledning

Nu til dags forbinder vi som regel begreber som mangfoldighed, kulturelle og religiøse forskelle med konflikt, krig og terrorisme. Verden har forandret sig siden den 11. september, 2001. Vor kollektive bevidsthed er blevet fyldt af frygt, mistanke, og selv fjendtlighed mod dem, som er forskellige fra os selv. I dette historiske øjeblik er en international, tværreligiøs konference måske mere påkrævet end nogensinde. Verden tørster efter en stemme, der inspirerer os til at forenes i fred. Ved Verdensreligionernes Parlament i 2004 i Barcelona var Amma denne stemme. Hendes ords universelle og tidløse visdom taler til os, og når os på dette kritiske tidspunkt med en usædvanlig klangfylde.

Det øjeblik Amma gik ind på scenen, rejste det forsamlede publikum sig og klappede. En journalist sagde: "Hendes personlighed er sådan, at man umiddelbart føler sig tiltrukket af hende. Og hun er selvfølgelig anderledes, noget helt for sig selv, ikke som andre spirituelle mestre."

Hallen var fyldt til bristepunktet, pakket med mennesker i gange og korridorer. Man kunne føle, at luften var mættet af dyb ærbødighed og en spænding, der ikke var til at rumme. Amma skulle holde hovedtalen ved det syv dage lange Parlaments afsluttende plenarmøde. Hendes emne var: "Veje til fred – lytningens visdom - og forpligtelsens kraft." Hvilken lære ville denne usædvanlige skikkelse give ved denne lejlighed? Hvordan ville hun koncentrere essensen af hundredvis af foredrag, diskussioner, og symposier fra denne konference til ét enkelt, integreret budskab, der kunne forene alle? Svaret kom, mens Amma talte. De virkelige problemer som vi står overfor i dag og veje til deres løsning, blev præsenteret én for én. Amma kunne forene alle budskaber, belæringer, og veje til ét budskab, som det er den spirituelle mesters opgave. Som altid var hendes ord enkle, men dybe. Ammas tale udtrykte de dybeste spirituelle principper, indeholdt medrivende

Indledning

historier, praktiske eksempler og smukke sammenligninger. Det lykkedes hende at berøre så godt som alle livets områder i sin korte men kraftfulde tale.

Ammas tale begynder med en opfordring til at betragte vore evner som Guds gave til os. Ved at forøge vor medfødte spirituelle kraft, frem for blot magten i dens forskellige materielle former, kan vi opnå virkelig fred og tilfredshed. I stedet for bare at bebrejde religionen for den uophørlige frustration, menneskeheden møder i sin søgen efter lykken, giver hendes tale os et nyt syn på religion og spiritualitet, et syn, der er hårdt brug for i verden af i dag.

Idet Amma opfordrer alle til at se og forstå religionens essens fra et spirituelt perspektiv, minder hun os om at: "hvor der findes en sand spirituel oplevelse, er der ingen adskillelse – kun enhed og kærlighed."

Idet Amma advarer mod religiøst snæversyn, bemærker hun: "Problemet opstår når vi siger: "Vores religion har ret, jeres har uret!" Det svarer til at sige: "Min mor er god, din mor er en luder!" Men hun peger også på løsningen: "Kærligheden er den eneste religion, som kan hjælpe at rejse menneskeheden til store, strålende højder. Og kærligheden bør være den tråd, som alle religioner og filosofier er bundet sammen med." Hun fortsætter med at sige, at for at vække enhed og at sprede kærlighed må vi respektere forskelle og lytte til andre med et åbent hjerte.

Amma behandler også emnet krig, idet hun så smukt gør sig til fortaler for, at vi omdirigerer penge og indsats, som er øremærkede til krigsformål, til brug for verdensfreden i stedet for, og gør opmærksom på, at det "virkeligt kunne føre til fred og harmoni i denne verden." Og endnu engang betoner hun, at nøglen til at overvinde både de indre og de ydre fjender ikke er fysisk eller ideologisk tvang, men spiritualitet.

Amma fortsætter med at omdefinere opfattelsen af et andet af dagens globale dilemmaer: fattigdom. Idet Amma opdeler fattigdommen i to kategorier, fysisk og spirituel, beder hun os indtrængende om at prioritere sidstnævnte højest, da kun en spirituel løsningsmodel kan give en varig løsning for begge.

Indledning

Ammas lære bringer os altid udover vore egne personlige forskelligheder og ønsker, til en oplevelse af menneskehedens grundlæggende enhed. I Barcelona fremhæver hun igen dette budskab af enhed ved kulminationen af sin tale. Ved at fortælle en gribende historie om en regnbue illustrerer Amma hvorledes forskellighed og enhed kan eksistere sammen, hvis bare vi kan nå den visdom, det er at finde vor egen lykke ved at gøre andre lykkelige.

Amma har sagt så ofte, at det at tjene de fattige er vores første pligt mod Gud, og ved afslutningen af talen efterlyser hun et klart engagement hos sine børn med ordene: "Vi bør forpligte os til at arbejde en ekstra halv time hver dag til fordel for de nødlidende – det er hvad Amma beder om." Hvem er mere kvalificeret til at tale om vigtigheden af og skønheden ved uselvisk tjeneste?" Sådanne ord har en helt anden overbevisende kraft, når de kommer fra en, der så mesterligt har formet sit liv som et symbol på sin egen lære.

Ammas tale blev fulgt af en tordnende applaus og en stående bifaldsstorm. Skønt det ikke var en del af det oprindelige program, som var overstået, nu hvor Parlamentet var forbi, så gav Amma darshan. En enorm mængde beundrere og et stort antal officielle personer og delegerede ved konferencen kom for at få hendes velsignelse.

Darshan fandt sted i et telt med udsigt ud over Middelhavet. Dette telt var blevet rejst af Sikh samfundet til bespisning af Parlamentets delegerede. Amma ankom til teltet kort efter hun forlod Parlamentet, og gik uhøjtideligt hen til en stol som var blevet stillet frem få minutter før, (fordi ingen havde været sikker på om hun gav darshan). Uden nogen som helst ståhej begyndte Hun at modtage folk på den måde, som er helt hendes egen: ved at omfavne alle. Og indenfor få minutter begyndte folk – dog uden lydanlæg – at synge bhajans, og alle sang med. Darshan, som fortsatte til langt ud på natten, syntes at være en manifestation af hvad Amma i sin tale få timer før havde opfordret til: her var folk fra hele Europa, hele verden, og fra forskellige religioner. Alle var de forenede i oplevelsen af kærligheden. Forskelligheden bragt sammen i enhed – basis for fred.

Indledning

I løbet af natten kom Sikh lederen sammen med en stor gruppe tilhængere for at vise Amma deres respekt. Mens han udtrykte agtelse og bød velkommen, stak han begge hænder i en stor skål, og da han tog hænderne op igen, var de fulde af blomsterblade, som han ødselt lod regne ned over Amma. Hun svarede med at tage blomsterne i sine hænder og strøede dem over ham og hans tilhængere.

Og så skete der intet mindre end et mirakel. Amma blev bekymret, fordi folk havde været sammen med hende i så mange timer, og ingen havde spist noget. Sikherne tilbød, hvad de havde tilovers, mad nok til måske 150 mennesker. Da darshan var forbi, gik Amma direkte til bordene med mad og begyndte at servere for sine børn. Nu og da rettede hun portionerne til med en sikker beregning over at alle ville få noget at spise. Og det lykkedes, for alle fik et rigeligt måltid, alle gryder var blevet skrabet helt rene, og der blev ikke smidt noget væk. Hvordan mad til 150 kunne mætte over tusind, uden at efterlade nogen sulten og uden spild. Det kan ikke forklares.

Må Fred og Lykke sejre i Verden

Få timer efter at Amma havde afsluttet darshan og "madet" sine børn, var Amma igen i lufthavnen, mindre end 24 timer efter hun var ankommet. Parlamentet blev afholdt, mens Amma var på sin årlige USA tur. Hun tog af sted efter afslutningen af Chicago programmet, holdt sin tale, gav en spontan darshan, og returnerede til Washington, DC, tids nok til at åbne programmet der.

Barcelona er endnu en milepæl i Ammas uophørlige kærlighedsbudskab. I sandhed, kærligheden besejrer alt. Så lad også os åbne vore hjerter og overgive os til den kærlighed. Ord fra en *mahatma* ("en stor sjæl") er som frøet sået i vore hjerters muld. Hvis mulden er modtagelig og giver næring til frøet, så kan det skabe et mægtigt træ, give frugter og skygge til mange mennesker i nød. Må Ammas ord spire og gro i vore hjerter, og gøre vore liv frugtbare og gavnlige for verden.

Som jeg slutter disse ord, lad mig henvise til et citat fra en artikel i en af de vigtigste spanske aviser, *El Periodico*:

"Amma et godt spirituelt es i en verden der mangler tro."

Indledning

Ja, virkelig, Hun fører til den endelige sejr, som er at gå udover alle sindets svagheder, at realisere vort fulde potentiale, og endelig at opnå fred og stilhed i alle livets forhold.

Swami Amritaswarupananda
Næstformand
Mata Amritanandamayi Math
Amritapuri

Må Fred og Lykke sejre i Verden

Hovedtalen holdt af
Sri Mata Amritanandamayi
under det afsluttende plenarmøde ved
Parlamentet for Verdensreligioner
i Barcelona, Spanien,
den 13, juli 2004

Amma bøjer sig for alle her, som i sandhed er legemliggørelsen af ren kærlighed og den Højeste Bevidsthed. Den ekstra indsats og selvopofrelse som de, der har organiseret en så enorm begivenhed som denne, har lagt for dagen, er udover enhver beskrivelse. Amma bøjer sig dybt for en sådan uselviskhed.

De egenskaber som Gud har givet os, er en skat, som tilkommer ikke bare os selv, men

Må Fred og Lykke sejre i Verden

den ganske verden. Denne skat bør aldrig misbruges, så vi bliver til byrde for verden og os selv. Den største tragedie i livet er ikke døden, den største tragedie er at lade vore muligheder, evner og talenter forblive uudnyttede, og tillade dem at ruste, mens vi endnu er i live. Når vi bruger af den rigdom vi finder i naturen, så mindsker vi den, men bruger vi vore indre evners rigdom, så øges den.

Men bruger vi vore evner rigtigt? Hvad har altid været menneskehedens mål? Hvad har mennesket altid længtes efter at nå? Har det ikke altid været vort mål at opnå så megen lykke og tilfredshed som muligt, både i vort personlige liv og for samfundet som helhed? Men hvor står vi i dag? De fleste af os går fra den ene fejltagelse til den anden, hvilket kun gør problemerne værre.

Ethvert land har forsøgt at forøge sin magt i henseende til politik, militær, våbenmagt, økonomi, videnskab og teknologi. Er der noget tilbage for os at afprøve og udforske? Vi er alle så fokuserede på de områder. Nu har vi prøvet disse metoder så længe, men har vi opnået nogen sand fred og tilfredshed? Svaret er

Hovedtalen holdt af Sri Mata Amritanandamayi

Nej. Tiden har vist os, at disse metoder alene ikke bringer os tilfredshed. Kun hvis spirituel kraft - som vi aldrig før har afprøvet – og de ovennævnte metoder følges ad, kan vi opnå den fred og tilfredshed vi søger efter.

I virkeligheden er der kun èn forskel på mennesker i rige og fattige lande: mens mennesker i de rige lande græder i deres air-conditionerede boliger og på rige godser, så græder menneskene i de fattige lande på jordgulve i deres hytter. I hvert fald ét er helt sikkert: mennesker, som engang håbede at smile og være lykkelige, græder nu mange steder i verden. Sorg og lidelse er blevet kendetegnende for mange lande. Det er meningsløst at give religionen skylden alene for alt dette. Hovedårsagen til disse problemer er hvordan mennesker har *fortolket* religionen og spiritualiteten.

I dag søger vi i det ydre efter årsager til og løsninger på alle verdens problemer.

Vi har så travlt, at vi glemmer den største af alle sandheder – at kilden til alle problemer skal findes i det menneskelige sind. Vi glemmer at verden kun vil blive god, hvis det enkelte menneskes sind bliver godt. Så det er meget

Må Fred og Lykke sejre i Verden

vigtigt at vi, samtidigt med at vi udvikler en forståelse af den ydre verden, også lærer vores indre verden at kende.

Engang skulle en ny supercomputer indvies. Efter indvielsen sagde man til deltagerne at de kunne stille den ny supercomputer et hvilket som helst spørgsmål, og at den ville give et svar efter et par sekunder. Alle gjorde sig stor umage for at stille computeren de mest komplicerede spørgsmål med hensyn til videnskab, historie, geografi osv. Så snart spørgsmålet var stillet, tonede svaret frem på en skærm. Så rejste et barn sig og stillede supercomputeren et ganske enkelt spørgsmål: "Hallo Supercomputer! Hvordan har du det i dag?" Skærmen var tom i lang tid og der kom intet svar! Computeren kunne svare på spørgsmål om alt undtagen sig selv.

De fleste af os lever i en lignende tilstand som den computer. Samtidig med at vi udforsker den ydre verden, bør vi også udvikle vort kendskab til den indre verden.

Når vores telefon ikke fungerer, så beder vi telefonselskabet reparere den. Når vort kabel TV ikke kan modtage programmer ty-

Hovedtalen holdt af Sri Mata Amritanandamayi

deligt, så hjælper vores kabelfirma os. Og når vort Internet ikke fungerer, så reparerer vort computer-firma det for os. På samme måde er spiritualiteten vort redskab til at genoprette vor indre forbindelse med det Guddommelige. Den spirituelle videnskab giver os vores sinds "fjernbetjening" tilbage.

Der er to typer uddannelse: uddannelse for et levebrød og uddannelse for livet. Når vi studerer på universitetet, fordi vi vil være læge, sagfører, eller ingeniør, så er det en uddannelse for et levebrød. Men uddannelse for livet kræver kendskab til de vigtigste spirituelle principper. Dette betyder en dybere forståelse af verden, vort sind, vore følelser, og os selv. Vi ved alle sammen at det sande mål for uddannelse ikke er at skabe mennesker, som kun forstår maskinernes sprog. Hovedformålet med uddannelse bør være at bibringe mennesker en *hjertets dannelse* – en kultur baseret på spirituelle værdier.

Kun at anskue religionen udefra graver blot dybere og dybere grøfter. Der er brug for at vi ser og forstår det indre, religionens *essens*, fra et spirituelt perspektiv. Først da vil følelsen af forskellighed mellem religionerne holde op. Hvor der er følelsen af forskellighed, kan der ikke opstå nogen virkelig spirituel oplevelse. Og hvor der er en sand spirituel oplevelse, er der ikke nogen adskillelse – kun enhed og kærlighed. Religiøse ledere bør være klar til at arbejde på basis af denne viden, og åbenbare disse sandheder for deres tilhængere.

Problemet opstår når vi siger. "Vores religion har ret, jeres har uret!" Det svarer til at sige, "Min mor er god, din mor er en luder!" Kærlighed og medfølelse er selve essensen i alle religioner. Hvorfor så vores behov for at konkurrere?

Kærligheden er vores sande essens. Kærligheden kender ingen grænser såsom religion, race, nationalitet eller kaste. Vi er alle perler, trukket på den samme kærlighedens snor. At vække denne enhed – og at videregive til andre den kærlighed, som er vor medfødte natur, er det sande mål for vort menneskeliv.

Det er sikkert og vist at kærligheden er den eneste religion, der kan hjælpe menneskeheden med at nå det Allerhøjeste. Kærligheden skal være den snor, som alle religioner og filosofier er trukket på. Samfundets skønhed ligger i hjerternes forening.

I *Sanatana Dharma*, Indiens ældgamle spirituelle tradition, er der plads til forskellighed. Hvert eneste menneske er unikt og har helt sin egen mentale konstitution. Oldtidens seere, (Rishierne, overs.anm.) anviste os mange forskellige spirituelle veje, så at hvert enkelt menneske kunne vælge den vej, der var mest egnet for ham eller hende. Alle låse kan ikke åbnes med en og samme nøgle, lige som ikke alle synes om den samme mad eller påklædning. Denne forskellighed gælder også i spiritualiteten. Den samme spirituelle vej er ikke egnet for enhver.

Ved møder og konferencer som denne er der behov for øget vægtning af spiritualiteten, religionens inderste essens. Det er den eneste vej til fred og enighed. Denne konference bør ikke bare være et rent fysisk møde. Ved lejligheder som denne skal der opstå et sandt møde – et møde hvor vi åbenbarer vore hjerter for hinanden.

Kommunikation ved hjælp af teknologi har fået mennesker fra fjerne steder til at

Må Fred og Lykke sejre i Verden

komme meget tæt på os. Men fordi hjertets kommunikation ikke finder sted, vil selv mennesker, som fysisk er tæt på os, forekomme os langt væk.

Så dette bør ikke være en almindelig konference, hvor alle taler, ingen hører efter, og alle er uenige.

At lytte til andre er vigtigt. Vi ser og hører mangt og meget i verden. Men vi bør ikke blande os i andres affærer, fordi det kan have farlige følger. Amma husker en historie:

En mand gik forbi et hospital for psykisk syge og hørte en mand stønne: "13... 13... 13... 13..."

Manden gik nærmere for at høre, hvor lyden kom fra. Han så et hul i muren og blev klar over at lyden kom fra den anden side. Af nygerrighed lagde han sit øre til hullet, for at kunne høre bedre. Pludselig bed noget ham hårdt i øret. Da manden skreg af smerte, stønnede stemmen. "14... 14... 14... 14..."! 'Så vi skal bruge vores dømmekraft til at skelne imellem, hvad vi skal give opmærksomhed.

Sande religiøse ledere elsker og hylder hele Skabelsen, de ser den som guddommelig bevidsthed. De ser enheden bag mangfoldigheden. Men nu til dags misfortolker mange religiøse ledere fortidens seeres og profeters ord og oplevelser, og udnytter på den måde mennesker med ringe åndelig modstandskraft.

Religionen og spiritualiteten er nøglerne til at åbne vore hjerter og møde alle mennesker med medfølelse. Men da vi er forblændet af vor egoisme, har vort sind mistet sin sunde dømmekraft og vort syn er blevet forvrænget. Og den holdning vil kun skabe yderligere mørke, idet den samme nøgle, der var tænkt til åbne vores hjerte, er i stedet af vores sind blevet brugt til at lukke og låse det..

Der var engang fire mænd, som var på vej til en religiøs konference og måtte tilbringe natten sammen på en ø. Det var en bitterkold nat. Hver rejsende havde i sin bagage en æske tændstikker og et lille bundt træ til at tænde op med, men hver af dem tænkte, at han var den eneste som havde træ og tændstikker.

Den første mand tænkte: "At dømme efter den medaljon den mand har om halsen, tror jeg, at han er fra en anden religion. Hvis jeg tænder et bål, vil han også nyde godt af varmen fra det. Hvorfor bruge mit dyrebare træ til at varme ham?

Den anden mand tænkte: "Den mand er fra det land, som altid har kæmpet mod os. Jeg ville ikke drømme om at bruge mit træ for, at han kan varme sig!"

Den tredje mand så på en af de andre og tænkte: "Jeg kender den fyr. Han kommer fra en sekt, som altid skaber problemer for min religion. Jeg vil ikke bruge mit træ op for hans skyld!"

Den fjerde mand tænkte: "Den mand har en anden hudfarve end min, og jeg kan ikke fordrage den! Der kan overhovedet ikke være tale om, at jeg bruger mit træ på ham!"

Til sidst var ingen af dem villige til at tænde sit træ for at varme de andre, og da morgenen kom, frøs de alle ihjel. Og ligeså føler vi fjendskab mod andre på vegne af religion, nationalitet, farve, og kaste, uden at vise vore medmennesker medfølelse.

Det moderne samfund er som det menneske, der lider af høj feber. Som feberen stiger, taler patienten i vildelse. Mens hun peger på en stol på gulvet, spørger hun muligvis: "Åh,

Hovedtalen holdt af Sri Mata Amritanandamayi

den stol taler til mig. Se! Den flyver!" "Hvad skal vi svare? Er det muligt at bevise overfor hende, at stolen ikke flyver. Der er kun én måde at hjælpe hende på: at give hende den medicin der slår feberen ned. Først når feberen er slået ned, vender alt tilbage til det normale. I dag lider mennesker af egoismens, grådighedens, det uhæmmede begærs feber.

Religionen og spiritualiteten baner vejen for at vi kan transformere vores vrede til medfølelse, vores had til kærlighed, vores begærlige tanker til guddommelige tanker, og vor jalousi til sympati. Og dog, forblændede som vi er på vores nuværende mentale niveau, forstår de fleste af os ikke dette.

Samfundet består af individer. Det er konflikten i det enkelte menneskes sind som manifesterer sig på det fysiske plan som krig. Når det enkelte individ forandrer sig, forandrer samfundet sig helt af sig selv. Lige som vi har had og hævngerrighed i vort sind, kan vi også have kærlighed og fred.

For at føre krige bruger vi milliarder af dollars og beskæftiger masser af mennesker. Tænk engang på, hvor megen opmærksomhed

Må Fred og Lykke sejre i Verden

og hvor megen energi den proces kræver! Hvis vi brugte blot en brøkdel af det beløb og den energi på verdensfreden, så kunne vi helt sikkert skabe fred og harmoni i verden.

Hvert land bruger enorme summer på at opbygge sikkerhedssystemer. Sikkerhed er uundværlig. Men den største sikkerhed af alle er at forstå de spirituelle principper og leve derefter. Men det har vi glemt.

De fjender, der i dag angriber os indefra og udefra kan ikke bare bekæmpes ved, at vi forøger vore våbenarsenaler. Vi har ikke længere råd til at udsætte genindførelsen af vort allerstærkeste våben, spiritualiteten, som er en del af vores essens.

Der er mere end en milliard mennesker i verden, der lider under fattigdom og sult. Fattigdommen er så sandelig vores største fjende. Det er en af de grundlæggende årsager til, hvorfor mennesker begår tyveri og mord, eller bliver terrorister. Og det er også årsagen til, at mennesker går ind i prostitution. Fattigdom ikke alene angriber kroppen, den svækker også åndsevnerne. Og i religionens navn inficeres sådanne mennesker med terrorismens giftige

Hovedtalen holdt af Sri Mata Amritanandamayi

idealer. Set fra det perspektiv føler Amma, at 80% af samfundets problemer ville blive løst, hvis vi udrydder fattigdommen.

Kort sagt, så er menneskeheden på en rejse uden et klart mål.

En billist kørte engang hen til et vejkryds og spurgte en fodgænger: "Kan du sige mig, hvor den vej fører hen?"

Fodgængeren svarede: "Hvor vil du hen?"

Manden svarede: "Det ved jeg ikke."

"I så fald er det helt lige meget hvilken vej du tager!" sagde forgængeren.

Lad os ikke blive som denne bilist. Vi har brug for et klart mål.

Amma er dybt bekymret over at se verden bevæge sig i den retning, den går lige nu. Hvis vi får en tredje verdenskrig, så lad det ikke være en krig mellem lande, men en krig mod vores fælles fjende, fattigdommen.

I verden af i dag oplever vi mennesker to typer fattigdom: Den fattigdom, der skyldes mangel på mad, tøj, og tag over hovedet, og så den fattigdom, der skyldes mangel på kærlighed og medfølelse. Af disse to skal vi koncentrere os om den sidstnævnte først – fordi, hvis vi har kærlighed og medfølelse i vort hjerte, så vil helhjertet tjene dem, der lider af mangel på mad, tøj og husly.

Det er ikke den tidsalder, vi lever i, der vil bringe forandring i samfundet. Det er hjerter fulde af medfølelse. Religionerne bør skabe flere medfølende hjerter. Det burde være religionens og spiritualitetens hovedformål.

For at beskytte vores verden, er vi nødt til at vælge en vej, hvor vi opgiver vore personlige uoverensstemmelser og begær. Ved at tilgive og glemme har vi en chance for at genopbygge denne verden og give den nyt liv. At grave i fortiden er til ingen nytte, og er ikke til gavn for nogen. Vi må opgive hævn og gengældelse og være upartiske i vor bedømmelse af den nuværende verdenssituation. Det er den eneste måde vi kan finde vejen til sandt fremskridt.

Sand forsoning – både mellem mennesker og mellem menneskeheden og naturen – vil kun komme i stand, hvis vi tror på det indre Selvs umådelige kraft. Det er langt stærkere end alle ydre uoverensstemmelser.

En regnbue er et strålende syn og har tilmed en indre betydning, der får ens sind til

Hovedtalen holdt af Sri Mata Amritanandamayi

at udvide sig. Det, der gør regnbuen så smuk og fantastisk er, at det er syv forskellige farver, der løber sammen. Ligeledes bør vi kunne se og acceptere de forskelligheder, der er skabt af religion, nationalitet, sprog og kultur. Vi bør række hinanden hånden, og dermed sætte menneskehedens velbefindende og de universelle, menneskelige værdier over alt andet.

En regnbue kommer til syne på himlen i løbet af få minutter, og forsvinder lige så hurtigt igen. Men i løbet af den korte tid er regnbuen i stand til at gøre alle lykkelige. Lige som regnbuen, der ser så lille ud op mod det umådelige himmelhvælv, således er også vort liv kort og ubetydeligt, målt med evighedens målestok. Så længe som vi lever i denne verden, er det vor største og vigtigste opgave, eller *dharma*, at være andre til gavn. Først når godheden vågner i det enkelte menneske vil ens personlighed og dens handlinger vinde i skønhed og styrke.

Der var engang en lille pige, som var dømt til et liv i rullestol. Hendes handikap havde gjort hende vred og frustreret over sit liv. Hele dagen sad hun ved vinduet og var ked af det,

Må Fred og Lykke sejre i Verden

mens hun misundeligt iagttog de andre børn, mens de løb rundt, hinkede, sjippede, og legede med hinanden. En dag, mens hun sad og stirrede ud af vinduet, begyndte det at småregne. Pludselig kom en strålende regnbue til syne på himlen. I et nu havde den lille pige glemt alt om sit handikap og sin sorg. Ved synet af regnbuen opfyldtes hun af lykke og håb. Men så holdt regnen op og regnbuen forsvandt lige så hurtigt som den var kommet. Men mindet om regnbuen fyldte pigen med en forunderlig fred og glæde. Hun spurgte sin mor, hvor regnbuen var blevet af. Hendes mor svarede: "Min skat, en regnbue er noget ganske særligt, den findes kun når solen og regnen mødes." Fra den dag sad den lille pige ved vinduet og ventede på at regnen og solen ville mødes. Hun havde tabt interessen for de andre børns leg. Og endelig, en smuk solskinsdag, begyndte det helt uventet at regne lidt, og den mest farvestrålende regnbue trådte frem på himlen. Den lille piges glæde kendte ingen grænser. Hun kaldte på sin mor, at hun skulle skynde sig at bringe hende hen til regnbuen. Da moderen ikke ville skuffe sin datter, hjalp hun den lille pige ind i bilen og kørte af sted i retning af regnbuen. Og til sidst, da de havde nået til et sted, hvor de havde god udsigt til regnbuen, standsede moderen og hjalp datteren med at komme ud af bilen, så hun kunne nyde synet af regnbuen. Da pigen så op mod regnbuen, spurgte hun den: "Fantastiske regnbue, hvordan kan det være at du stråler så smukt?"

Regnbuen svarede: "Mit kære barn, jeg har et meget kort liv. Jeg eksisterer kun i det korte øjeblik, hvor regn og sol mødes. Men i stedet for at beklage mig over mit korte liv, har jeg besluttet at jeg inden for den korte levetid vil gøre så mange mennesker så lykkelige som jeg overhovedet kan. Og da jeg besluttede mig for det, begyndte jeg at stråle så vidunderligt."

Mens regnbuen talte, begyndte den at forsvinde – indtil den til sidst var helt væk. Den lille pige så med kærlighed og beundring op mod det sted på den blå himmel, hvor regnbuen havde været. Og fra den dag var den lille pige som forandret. I stedet for at være deprimeret og vred over sit handikap, begyndte hun at smile og gøre alle omkring sig lykkelige. Således fandt hun lykke og tilfredshed i sit liv.

Må Fred og Lykke sejre i Verden

Regnbuen var så smuk, fordi den glemte sig selv og levede for andres skyld. Det er på samme måde med os, at når vi glemmer os selv og lever for andres lykke, så oplever vi den sande skønhed i livet.

Kroppen forgår, hvad enten vi arbejder eller dovner tiden væk. Derfor er det bedre at gøre noget for samfundet ved at lægge vore kræfter i gode handlinger, end inaktivt at ruste op.

I *Sanatana Dharma* – den Evige Religion, (som hinduismen almindeligvis kaldes idag) – er der et mantra, som lyder: "*Lokah Samastah Sukhino Bhavantu.*"

Dette er sanskrit og betyder: "Må alle skabninger i alle verdener blive lykkelige"

Ifølge Indiens hellige skrifter er der ingen forskel mellem Skaberen og Skabelsen, lige som der ingen forskel er mellem havet og dets bølger. Essensen af både havet og bølgerne er et og det samme, det er vand. Guld og guldsmykker er et og det samme, fordi guld er det materiale smykkerne er lavet af. Og leret og lerkrukken er til syvende og sidst en og samme sag, fordi krukken er lavet af ler. Og ligeledes er der ingen forskel mellem Skaberen, eller Gud, og det Skabte, verden. I deres inderste væsen er de et og det samme – ren bevidsthed. Derfor bør vi lære at elske alle lige meget, fordi vi alle kommer af det samme, vi er èn *Atma*, èn sjæl. Skønt alt i det ydre ser forskelligt ud, så er vi alle i det indre manifestationer af det Højeste Selv.

Gud er ikke et begrænset individ, der sidder alene oppe i skyerne på en gylden trone. Gud er den Rene Bevidsthed som er i alting. Vi er nødt til at forstå denne sandhed og derved lære at acceptere og elske alle lige meget.

Som solen ikke har brug for lyset fra en kærte, har Gud ikke brug for noget fra os. Gud er giveren af alt. Vi bør gå ud blandt de lidende mennesker og tjene dem.

Der er millioner af flygtninge og fortvivlede mennesker overalt i verden. Regeringerne prøver på at hjælpe sådanne mennesker på forskellig vis. Men verden har brug for mange flere mennesker som er rede til at arbejde i en ånd af uselviskhed.

I hænderne på dem, der vil tjene på velgørenhed, skrumper en million dollars ind til $100.000 før de endelig når de mennesker som

Må Fred og Lykke sejre i Verden

skulle nyde godt af disse midler. Det er ligesom at hælde olie fra den ene beholder over i den næste beholder, og så i en ny igen. Hvis man gør det tilpas mange gange, er der ingen olie tilbage, fordi der hænger olie ved hver eneste beholder. Men hos dem som er involveret i uselvisk hjælpearbejde, er det noget helt andet. Hvis sådanne mennesker modtager $100.000, bliver de samme penge i disse menneskers hænder til en million, hvis de bruges på mennesker i nød. Det er fordi deres motiv er uselviskhed. De ønsker simpelthen at være til gavn for samfundet. Frem for at tage nogen betaling for sig selv, giver de alle pengene til dem, der lider.

Hvis vi har den mindste smule medfølelse i vort hjerte, bør vi forpligte os til en ekstra halv times arbejde om dagen til fordel for dem, der lider – det er hvad Amma beder om. Amma tror på, at der på denne måde vil findes en løsning for al sorg og fattigdom i verden.

Verden af i dag har brug for mennesker, som udtrykker godhed i ord og gerning.

Hvis sådanne ædle forbilleder bliver et eksempel til efterfølgelse for deres medmennesker, så forsvinder det mørke, som vore samfund er indhyllet i, og fredens og ikke-voldens lys vil endnu engang oplyse denne jord. Lad os arbejde sammen mod dette mål.

> *Lad vort livs træ slå dybe rødder i kærlighedens jord.*
> *Lad gode gerninger være bladene på det træ.*
> *Lad venlige ord være dets blomster.*
> *Og lad fred være dets frugter.*

Lad os vokse og udfolde os som en stor familie, forenet i kærlighed – så vi i jubel kan hylde vor enhed i en verden, hvor fred og tilfredshed hersker.

Som Amma slutter sine ord, vil Hun også gerne tilføje, at intet i sandhed hører op.

Lige som ved punktummet til sidst i en sætning, er der kun en kort pause – en pause før en ny begyndelse på vejen til fred.

Må Guds nåde og velsignelse give os styrke til at udbrede dette budskab.

Om Shanti Shanti Shanti

www.ingramcontent.com/pod-product-compliance
Lightning Source LLC
Chambersburg PA
CBHW070046070426
42449CB00012BA/3169